1. recall 1'56" BR-RUG-07-00001
2. Tambor 1'27" BR-RUG-07-00003
3. Ja ma la 0'52" BR-RUG-07-00002
4. Baka 1'52" BR-RUG-07-00004
5. Niva 1'11" BR-RUG-07-00005
6. Buraco de minhoca 3'55" BR-RUG-07-00006
7. Entre (instrumental) 1'12" BR-RUG-07-00007
8. Tungu Ball 2'30" BR-RUG-07-00008
9. Nanobô Ragnarok 0'31" BR-RUG-07-00009
10. Livro-se + Vrr 1'39" BR-RUG-07-00010
11. Chamada 0'43" BR-RUG-07-00011
12. Tupi tu és 2'39" BR-RUG-07-00012
13. Passe 1'23" BR-RUG-07-00013
14. Tam 1'54" BR-RUG-07-00014
15. À mesa 2'03" BR-RUG-07-00015
16. Xepa (instrumental) 3'07" BR-RUG-07-00016

compositora
roseane yampolschi

compositor convidado
paulo demarchi

sons processados e acústicos de trombone ● wind chimes ● panela de metal ● rói-rói ● quechada ● raganella ● matraca ● piano ● pregos ● roelas ● triângulo ● grampeador ● cadeadão ● kalimba ● pandeiro ● reco-reco bambu ● jam block ● flexa tone ● pedra ● chave ● guitarra ● pau-de-chuva ● caxixi ● maracas ● xequerê ● cowbell ● djembê ● concha de ouvido ● chave de boca ● máquina de datilografia ● caixa de ferramenta ● meia-lua ● pilha ● chinelo ● tampinha ● vidro com parafusos, porcas e pregos ● glockenspiel ● bongôs ● prato suspenso ● pau de chuva ● tambores ● castanholas ● chocalhos ● claves ● flexatone ● matraca ● pau de chuva ● osso humano ● reco-reco ● voz ● sintetizador ● tom-tons ● caldeirão de alumínio foram produzidos em estúdio por ricardo corona, roseane yampolschi, paulo demarchi, raule alves e alexandre rogoski ● ruído branco ● amostras extraídas de bibliotecas de sons.

sonorizador

ricardo corona

ILUMINURAS

Copyright © 2007
Ricardo Corona

Designer e fotografia
Eliana Borges

Desenho da HQ
Maxx Figueiredo

Revisão
Sabrina Lopes

Dados internacionais de catalogação na publicação
Bibliotecária responsável Mara Rejane Vicente Teixeira

Corona, Ricardo
Sonorizador / Ricardo Corona - Curitiba, PR:
Editora Iluminuras, 2007.
56p.; 15x13cm

ISBN 978-85-7321-256-3

Acompanha CD.

1. Poesia brasileira Paraná I. Título

CDD (21ª ed.) B869.15

2007
EDITORA ILUMINURAS LTDA
Rua Inácio Pereira da Rocha, 389
CEP 05432-011 - São Paulo - SP
vendas@iluminuras.com.br
www.iluminuras.com.br

sumário ● recall 11 ● tambor 12 ● ja ma la 14 ● baka 15 ● niva 17 ● buraco de minhoca 18 ● entre 24 ● tungu ball 25 ● nanobô ragnarok 29 ● livro-se 30 ● vrr 31 ● chamada 32 ● tupi tu és 34 ● passe 36 ● tam 37 ● à mesa 38 ● dar é feminino de dor 39 ● posfácio 40 ● notas 48 ● sobre o autor 50

Cambiares. Nada é por acidente: o acidente é a norma.
Rogério Duprat

a eliana

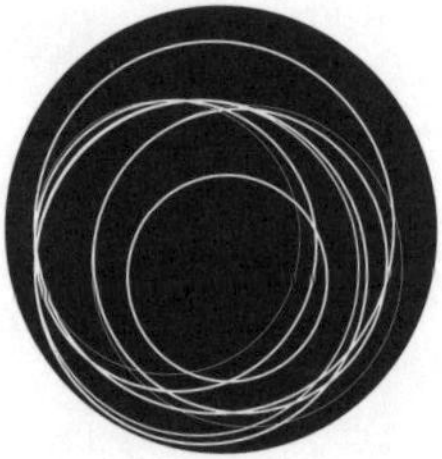

RECALL

regurgito
cuspo
desintoxico
desintoxico pela catarse
alguma coisa interceptou o cerebelo
item com defeito de efeito imprevisível
virei um biótipo tipo cobaia de mim
um produto de conveniência
um chulo um chulé um chute no saco
um camundongo que não deu nem pra dose
a carne mais barata do açougue
uma pletora de lixo detrito léxico
um soco no estômago
escrevo sempre sem coração
e com uma tripa na boca
às vezes escrevo com as fezes de bukowski
desintoxico pela catarse
desintoxico
regurgito
cuspo

TAMBOR

ouvido atento, colado
som lusitano, lento
meu cérebro no centro de Istambul
(de um lado, feras,
do outro,
heras)

o giro incerto mastiga o ruído
metal ruim
       de um lado da estampa,
azul
       do outro,

coisas grudam na agulha
na ferrugem
na pane do som letal

de um lado, folhas
                    caem
                              pétalas

do mesmo lado
vão vira crisálida
borboletas-bomba
        coração tam-
                    bor
        tam
        tambor tam
tam
        tam-
bor tam
        tam
        tambor
                tam

JÁ MÁ LÁ

JÁ MÁ LÁ
JÁ MÁ LÁ
JÁ MÁ LÁ
O LÁ LÁ LÁ LÁ
LÁ LÁ LÁ LÁ LÁ

Poema sem significado dos Yamanes (Chile).

BAKA

palma da mão
baka
alma baka
na mão

palma da mão
baka
bate n'água
rebate n'alma

alma baka
na mão
bate n'água
rebate n'alma

palma da mão
baka
alma baka
na mão

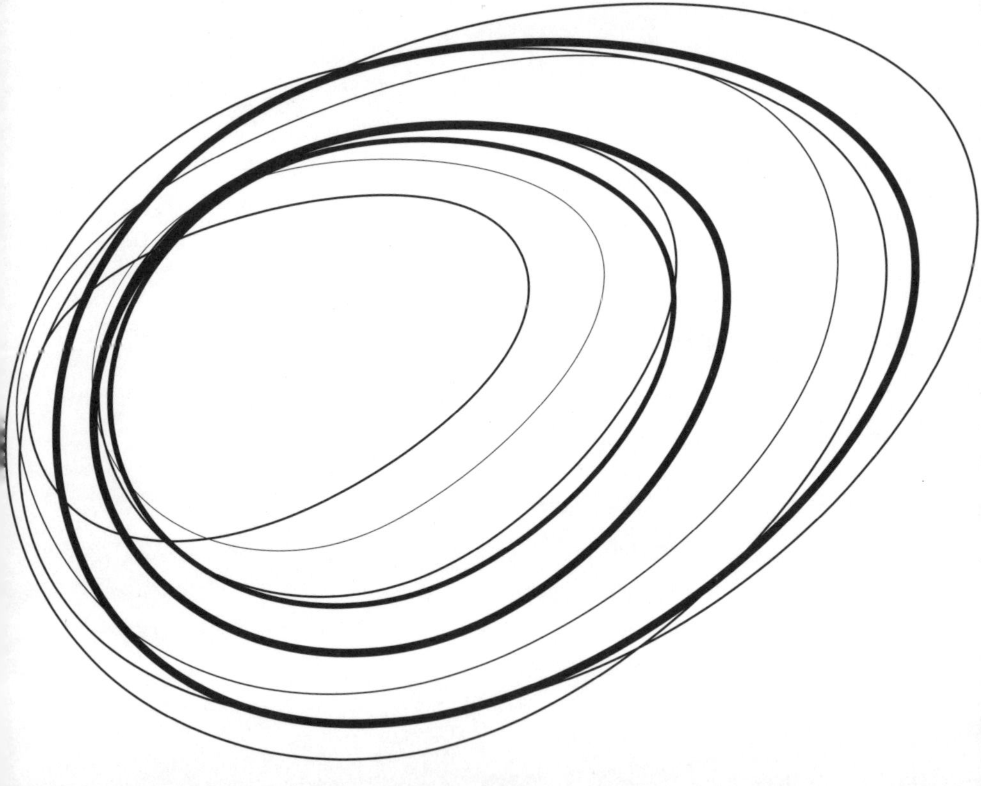

NIVA

Ya hi yu niva hu
Hi yu niva hi yu niva hu
Ya hi yu niva hi ha he ne na
Hi ya hi nahi ni na
Hi yu niva hu
Hi yu niva hi yu niva hu
Ya hi yu niva hi ya he ne na

Poema sem significado dos Comanche (EUA).

18

para Arrigo Barnabé

BURACO DE MINHOCA

Poema de Ricardo Corona • desenhos de **Maxx Figueiredo**

Estamos pra lá do milênio três
No cotidiano do tempo relativo
Estamos na era da dimensão
Tempo em que a idéia de universo
Não existe mais
Estamos num multiverso
*E nossa nave tenta escapar de uma galáxia canibal_*

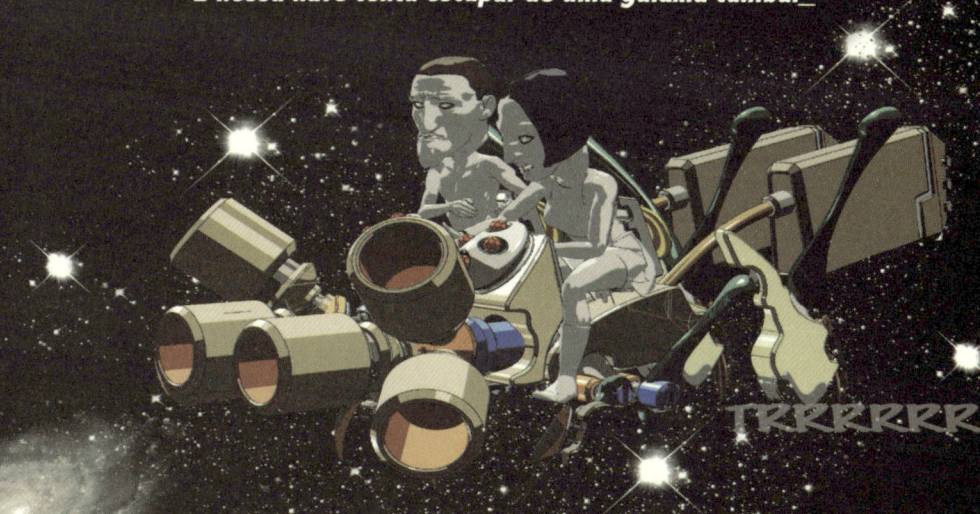

TRRRRR

Um ultralaser confessional,
Uma carta intergaláctica,
É um sinal de perigo
Vem da divisa do segundo céu
Como se fosse um fenômeno natural,
Como se fosse um fenômeno
LEPLING...
Como se fosse
Mas não é.
Ouça.
Dois ciclos de
sinais divididos.
O ciclo um é oco.
O ciclo dois some no meio do
caminho e envia apenas o eco.
Como se fosse
um fenômeno
DUC...
HA...
Célula de backup
redistribui
energia.

Onda pulsante frontal no espaço profundo.

Matéria estranha se prendeu no satélite maior.

Somos um alvo em espaço morto.

Envie um sinal de alerta pra terra.

OOH

A linha subsônica pifou. O nível acima de nós esvaziou.

**Mande mensagem eletrônica Mentronix
Grafe o antigo sinal SOS no anel de saturno.
Mantenha aquele planeta entre nós e a nave intrusa.
Domine a interface padrão.**

O ponto crucial é agora.
Algo está se materializando.
Onda de compressão a 26 mil graus.
Temperatura baixa subindo rapidamente.
Velocidade máxima com escudo posicionado.
Nave inimiga em rota.
Eles estão chegando.
Eles estão perto de nós.
Eles já controlam nossa aura.
Já controlam nosso escudo de defesa.
Não há tempo para explicar.
Temos que agir agora.
A terra explodirá em alguns segundos.
Resta-nos a desmaterialização.
Somos os dois últimos.
Está vendo aquele buraco?!
Vai!
Aaaah!

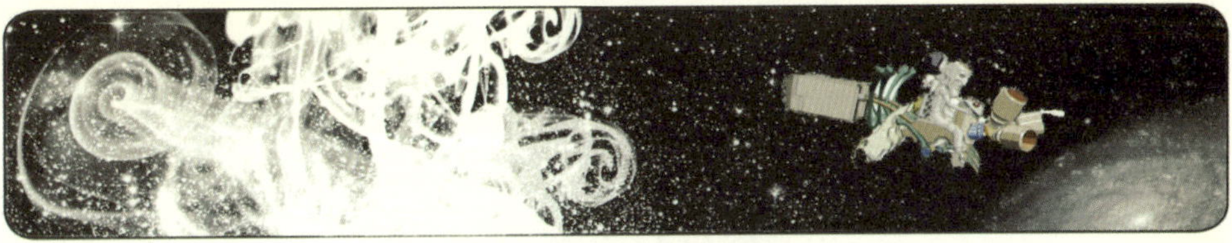

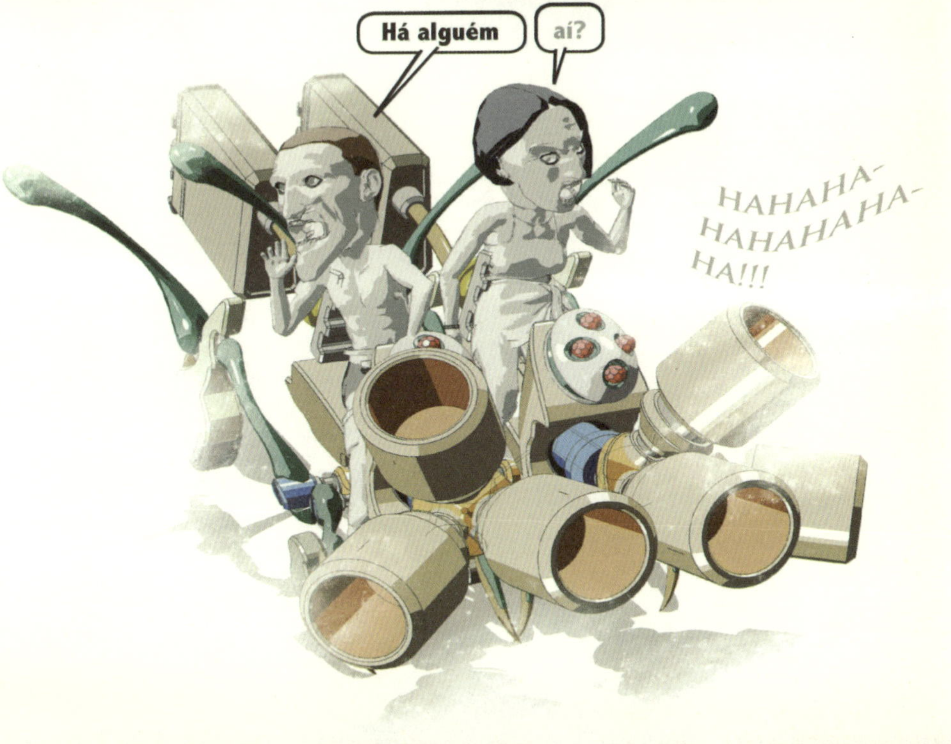
Há alguém
aí?
HAHAHA-
HAHAHAHA-
HA!!!

ENTRE

'bientôt un espace'
quer dizer
'em breve um espaço'

bonito isso
na raridade que é
esta manhã

na qual aspiro
ao desconhecido

decolo ao
meu labirinto

no pulso de todos os tempos

entre

'bientôt un espace'
e a menina com narina balalaica

TUNGU BALL

ugh!
tungu hugo ball
um tungu
nômade tungu
tzara também
andante tantã
made in tungu
xamã radar dada
hã?
no mundo do do
ah!
gadji
beri
bimba

         tun
         gu
         hu
         go
         ball
      tun tungu
      tungu tun
      tun tungu
      tungu tun

    tungu hugo ball
       um tungu
    lelé lelé lelé lelé
          hã?
    no mundo do do

ah!
gadji
beri
bimba
tun
gu
hu
go
ball
tun tungu
tungu tun
tun tungu
tungu tun

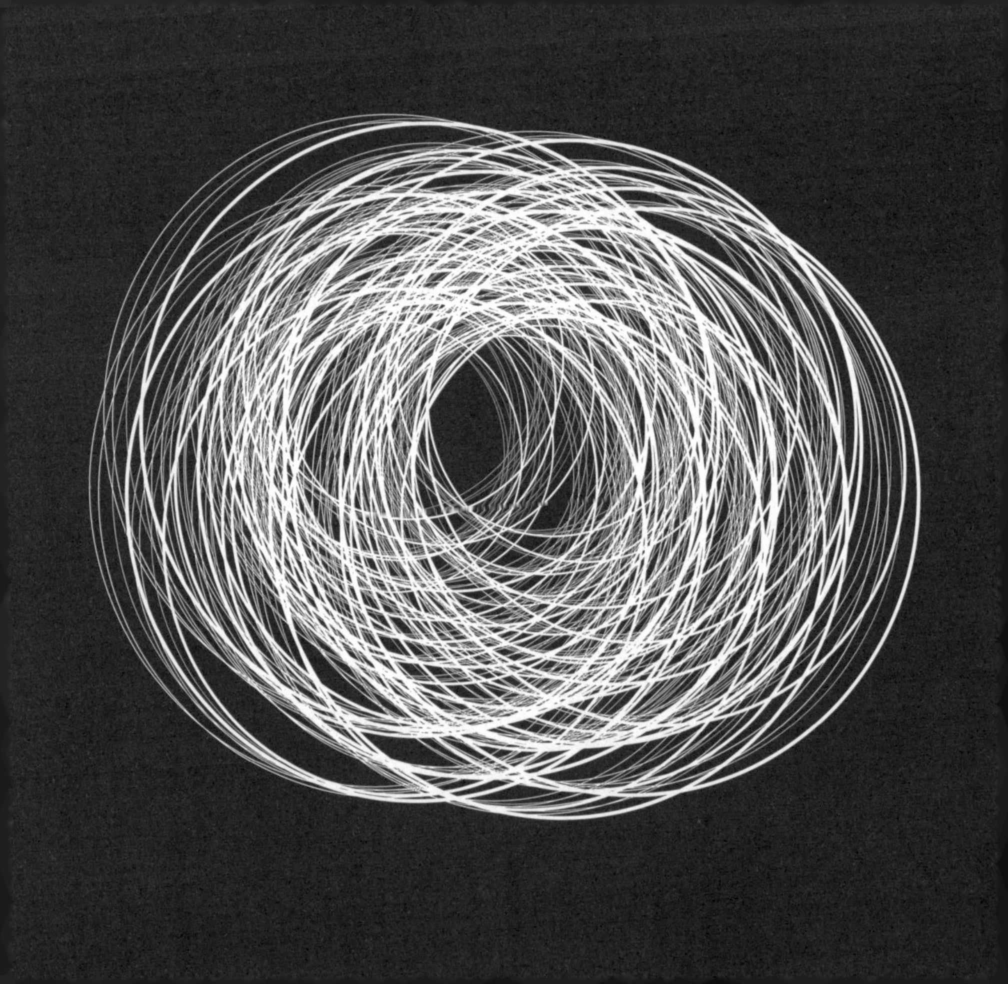

NANOBÔ RAGNAROK

tudo
tudo tudo tudo tudo tudo todo tempo tempo todo todo tempo
tubo tubo tubo todo tempo túnel túnel tudo tubo tudo túnel
tempo todo tubo túnel todo tempo tubo do tudo todo tempo
túnel do tempo túnel do tempo tempo todo tudo é tempo
tempo todo tempo todo tempo tudo tudo é tempo tudo o
tempo todo tubo túnel todo tempo tubo tubo tubo tubo tubo
tubo

LIVRO-SE

a idéia pesa na palavra
a palavra leva o peso da idéia
palavra presa na página
surdo-mudo fonema
fonema-som
som necessário

vocábulos
ainda pesados
da imprecisão do alfabeto
não podem dançar com o vocabulário

livre-se do silêncio do livro

livro

livre

+um

elivr
reliv
vreli
ivrel
livre

olivr
roliv
vroli
ivrol
livro

CHAMADA

para Nhangoray (in memoriam)

héta
xetá
botocudo
sjeta
notobutocudo
ssetá
bugre
yvaparé
chetá
aré
setá

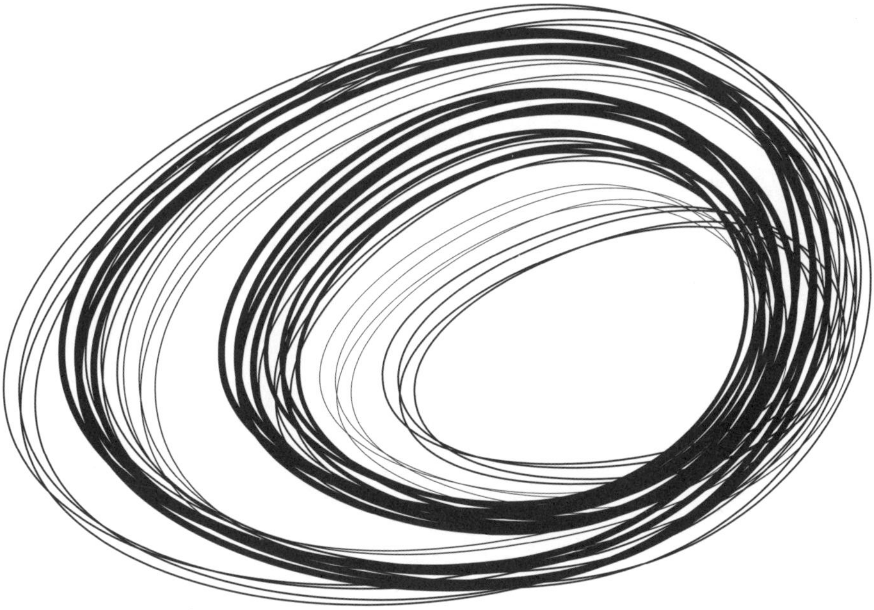

TUPI TU ÉS

todatribotavaqui
ondéquetão
atribotodatavaqui
ondéquetão

cadê o fogo
ondéquetá
cadê o fogo
ondéquetá

tupi tu és
tupi
nambá

todatribotavaqui
ondéquetão
atribotodatavaqui
ondéquetão

ondéquetá o meu tambor
ondéquetá
ondéquetá o meu tambor
ondéquetá

tupã tu és
tupi
nambá

ondéquetão
ondéquetá
ondéquetão
ondéquetá

PASSE

Meu amor
Passe essa dor
Doer a dois
É religião
Dor assim
Bate feito tambor
É respiração
Meu amor
Por favor
Toque meu coração

TAM

Almada Negreiros

tam
tam-tam
tanque
estanque
tangerina bola
tangerina bóia
tangerina ina
tangerininha
pacote roto
batuque nu
quintal da nora
e o dique
e o Duque
e o aqueduto
do Cuco
Rei Carmim
e tamarindos
e amarelos
de Mahomet
ali
e lá
e acolá

À MESA

Augusto dos Anjos

Cedo à sofreguidão do estômago. É a hora
De comer. Coisa hedionda! Corro. E agora,
Antegozando a ensangüentada presa,
Rodeado pelas moscas repugnantes,
Para comer meus próprios semelhantes
      Eis-me sentado à mesa!

Como porções de carne morta... Ai! Como
Os que, como eu, têm carne, com este assomo
Que a espécie humana em comer carne tem!...
Como! E pois que a Razão me não reprime,
Possa a terra vingar-se do meu crime
      Comendo-me também.

dar é feminino de dor

ELETROPOESIACÚSTICA
Ricardo Corona

Sempre quis publicar um livro-disco de poesia, ou melhor, um livro livre, com associações em vários níveis com a música contemporânea. A inter-relação das linguagens sempre foi uma questão central no meu trabalho, visto que desde as primeiras experiências com performance (1993 a 1996) à recente Jolifanto (2007) ou mesmo no livro Tortografia (2003), todos em parceria com a artista plástica Eliana Borges, também no disco de poesia Ladrão de fogo (2001) e na apresentação Távivaaletra (2005 a 2007), tenho cambiado ligamentos entre poesia, música e artes plásticas, recorrendo à idéia poundiana de que "a poesia está mais próxima das artes plásticas e da música do que da literatura". Na área da poesia + som, tenho processado referências que vão da poesia da música brasileira ao zaum, do fonetismo e letrismo Dadá ao verbivocovisual da Poesia Concreta, da oralidade etnopoética à poesia sonora, sem, contudo, aderir com exclusividade a nenhum desses conceitos estéticos. A meu ver, com o esgotamento da idéia do novo, a situação atual nos apresenta duas contrapartidas, que estão correlacionadas: a da acessibilidade tecnológica da era digital e a do legado de idéias conceituais do período histórico das vanguardas às práticas poéticas da ancestralidade. O momento, portanto, parece nos estimular a fazer. Mas um fazer que seja capaz de ressoar na etimologia (poiésis) e na origem do próprio ato poético que praticamente surgiu com o auxílio de um instrumento, o alaúde. E, nas culturas ancestrais, com a voz, o corpo e o rito. Não se trata de reivindicar aqui uma "volta" às origens, mas a ressonância que existe entre a tecnologia digital e o legado livre e diversificado. O desafio está em manter a qualidade da produção – com os meios atuais esta se tornou mais abundante do que 10, 20, 100 anos atrás e consiste em uma superprodução – assim como operar um desautomatismo formal e contextual para a poesia sonora, com desdobramento somatório e mais dilatado quanto às referências.

Sonorizador é um livro-disco que, obviamente, não foge a esse contexto e apreendeu aquela totalidade, bem resumida pelo poeta sonoro-visual Giovanni Fontana (Itália), de que "a voz veste o mundo e assina seus traços", alinhavada com menções das principais descobertas na área da poesia associada ao som, feitas ao longo do século XX: "A voz é movimento e delineia a dinâmica sonora que, às vezes, se apóia na natural melodia da língua falada (Arrigo Lora Totino); no microcosmo da boca (Henri Chopin); ao corpo (Jean Paul Courtay); nas possibilidades rítmicas do texto (Richard Kostelanetz); na assonância da linguagem inventada (Bliem Kern); no uso do microprocessador (Larry Wendt); na micromodulação da leitura

(Ernest Robson); no sopro (Ilse e Pierre Garnier); na manipulação eletrônica (C. Amirkhanian); na permutação acústica de grupos de palavras (L. Kucharz); na capacidade técnica da dicção (D. Stratos); nas qualidades hipnóticas do texto (Altagor); nas variações fonéticas interpretativas (A. Spatola); nos efeitos contrapontísticos da montagem (B. Heidsieck); no fonema (Enzo Minarelli); no uso do dialeto (A. Conto); no berro (F. Tiziano); no outro movimento (G. Fontana)". (Revista Dismisura, 1984)

Em meio a este leque de referências, mesmo que esteja aqui quase todo aberto, o lugar simbólico que denominei para Sonorizador chama-se "eletropoesiacústica". Porque é nele que o trabalho se potencializa nas suas tensões – sem jamais solucioná-las – com a inter-relação de poesia e música acústica e eletroacústica. A solução seria a acomodação sem riscos das diferenças entre as linguagens, o que descaracterizaria uma delas em função da outra. O entre e o quase são resultantes inacabados porque não interessa um outro lugar e sim a tensão. A poesia, aqui, diga-se, feita para a voz, está na sua capacidade de se relacionar com outra linguagem, mas consciente de que a sua migração é para outro sentido, para o "ouvido pensante" (Murray Schaffer), de par com a justa definição de que "a poesia é a permanente hesitação entre som e sentido" (Paul Valéry). Sonorizador é todo feito de idéias-sons. Se música é a resultante da organização do som, interessou-me antes a organicidade dos sons. E os sons que nos cercam não são caóticos ou menos musicais do que aqueles que compõem uma sinfonia. Matthew Herbert, da música eletrônica, ao falar sobre isso, fez uma interessante comparação: "os carros vão passando de acordo com as mudanças nos faróis do trânsito, que foram programadas e os telefones tocam mais em alguns momentos do dia que em outros". (Caderno Mais!, 18.03.2007). Um raciocínio que ajuda a deixar claro que aqui o som é elemento fundamental por ser mediador entre as linguagens e, sendo o fonema a partícula sonora da palavra, então uma composição sonora cabe perfeitamente bem ao poema e vice-versa. A margem passa a ser o lugar da criação, pois sugere que o som pertence tanto à poesia quanto à música. Kurt Schwitters, em manifesto escrito em 1924, defendeu que "o material básico da poesia não é a palavra, mas a letra" (Revista Aerea, Chile-Argentina, 2001). A composição das letras promulga o evento sonoro da palavra, e novamente estamos no mundo do som sem sair do território da poesia.

     Foi com estas idéias-sons que resolvi publicar o livro-disco Sonorizador e, para isso, depois de escrever os poemas especialmente para a voz, convidei a compositora Roseane Yampolschi, cuja sensibilidade musical e experiência nas áreas de composição, filosofia da música e em estudos de interdisciplinaridade, foram importantes para a efetiva composição sonora destas idéias-sons, com desdobramentos e contribuições enriquecedores. Assim como a participação do compositor Paulo Demarchi, regente da Orquestra de Percussão da Universidade Federal do Paraná, que posteriormente se juntou a nós e trouxe elementos rítmicos mais acústicos para os poemas feitos previamente para isso, cujas assonâncias internas indicavam percussão vocálica, desdobramentos do meu interesse pelo contexto etnopoético. Sons vocálicos, percussivos, tribais ("a obra antiga me agrada pela sua novidade", disse Tristan Tzara) podem ser percebidos em "Tupi tu és", "Chamada", "Ja ma la" e "Niva" – estes dois adaptações livres dos cantos poéticos Yamanes (Chile) e Comanche (EUA), que não possuem significado além do rito acústico da palavra no ar. Talvez o ápice desta percussão etnopoética que junta códigos similares esteja em "Tungu Ball", com composição feita por Alexandre Rogoski, a partir do meu poema que é uma homenagem aos índios siberianos da língua tunguso-manchuriana (na qual se originou a palavra "xamã") e ao poeta dadaísta Hugo Ball; um dos inventores da poesia fonética, além de propagador do zaum e de performances que uniam niilismo e xamanismo. O fonema percussivo e tribal (mas aqui com outro sentido) também aparece no poema-rave "Nanobô Ragnarok". A fala percussiva, assim como a música acústica, mas com maior peso na composição eletroacústica, reaparecem com força em poemas com composição de Roseane Yampolschi, tais como "Tambor", "Baka", "Passe" e "Tam" – este de autoria do poeta futurista Almada Negreiros (Portugal) e na voz da cantora lírica Luciana Elisa Hoerner. Com Roseane Yampolschi, a composição acústica e eletroacústica associada aos poemas e vice-versa engendra uma semântica (sonora e poética) canibal que está presente já na primeira faixa do disco com o poema "Recall", que se mantém em "Buraco de minhoca" e especialmente em "À mesa", de Augusto dos Anjos, mas também na instrumental "Xepa", já que se apropria de sobras de sons processados. As instrumentais "Entre" e "Xepa", de Roseane Yampolschi, são talvez as mais representativas de um nível de associação das linguagens em que o processo se inverteu, ou melhor, em que saiu de cena o princípio de compor "a partir da poesia" e entrou o de "na música". Curiosamente, em ambas permanece a palavra. E isso não é necessariamente uma contradição. Em "Xepa", as vozes e risadas "distraídas", "fortuitas", "aleatórias", porque gravadas nos intervalos do nosso tempo de estúdio, foram utilizadas de maneira inteligente e sensível para devorar a palavra no universo da música. Em "Entre", em meio à composição eletroacústica, a sutileza do "gemido" onomatopaico (ah, hum) feito, a meu pedido, pelo trompetista Raule Alves e dimensionado na peça por Roseane Yampolschi criou níveis no diálogo poesia-som que nos levam ao rumorismo fonético, o qual, segundo Enzo Minarelli, aparece quando "a palavra é zerada até o fonema, com grande carga de energia bucal, gravada numa unidade mínima do sistema lingüístico". Nessa linha estão os dois poemas da faixa "Livro-se + Vrr", porém com camadas de variações fonéticas interpretativas e sonoridade extremamente refinada que se mantém na melodia natural da língua falada. "Entre" contém a rica sugestão de ser um túnel sonoro que o liga – pois está entre – aos poemas "Tungu Ball", posterior – no qual reaparecem explicitamente sons onomatopaicos (ah! hã!) e ao poema anterior, "Buraco de minhoca". A mediação de palavra e som constrói ligamentos orgânicos entre música eletroacústica, poesia, nanociência, ficção científica e história em quadrinhos (feita para o poema "Buraco de minhoca" por Maxx Figueiredo).

Sonorizador traz quase todas as tensões próprias do encontro de linguagens e apresenta um banquete de signos-sons de uma poesia organicamente associada à música acústica e eletroacústica.

Curitiba, 31/08/2007.

Notas

BAKA, poema-totem de percussão vocálica para os pigmeus do grupo étnico Baka que inserem a água como elemento sagrado em todos os seus rituais.

CHAMADA, poema-totem feito para os índios Xetá, de cultura ancestral, que habitavam a terra que hoje é o estado do Paraná. Atualmente não possuem mais uma identidade coletiva e existem apenas sete indivíduos vivos. As onze palavras usadas no poema são os nomes atribuídos aos Xetá enquanto coletividade, um número maior do que os sete indivíduos remanescentes.

JA MA LA, canto sem significado dos índios Yamanes (ou Yaghanes) da Terra do Fogo (do lado chileno) que usam apenas a voz como instrumento musical.

NIVA, canto sem significado dos índios Comanche (EUA).

LIVRO-SE contém a citação "vocábulos ainda pesados da imprecisão do alfabeto / não podem dançar com o vocabulário" de 'O poema', de Jean-Joseph Rabearivelo a partir da tradução de Antônio Moura, retirada de Quase-sonhos/Presque-songes (SP, Lumme Editor, 2004).

TUNGU BALL contém a citação "Gadji beri bimba" (1916), do poema sem título de Hugo Ball.

TAM, de autoria de Almada Negreiros (1893-1970), retirado do livro A invenção do dia claro (1921), da edição fac-similar de 2005 (Assírio & Alvim).

À MESA, de autoria de Augusto dos Anjos (1884-1914), retirado de Eu & outras poesias (RJ, Editora Civilização Brasileira, 1982).

A frase de Rogério Duprat (1932-2007) foi escrita em seu diário de pensamentos e aforismos e data de 1975. Retirada de Rogério Duprat: sonoridades múltiplas, de Regiane Gaúna (Unesp, 2001).

Agradecimentos especiais:

Ao editor português Vasco David (Assírio & Alvim), pela liberação gratuita para gravação e publicação do poema de Almada Negreiros e ao poeta Luis Serguilha que generosamente prestou o apoio necessário para a realização desta autorização. À Universidade Federal do Paraná, pelo empréstimo da maior parte dos instrumentos de percussão utilizados aqui e do espaço do Teatro da Reitoria para a gravação do piano.

Ricardo Corona (Pato Branco - PR, 1962) graduou-se em Comunicação em 1987 (Febasp). Iniciou atividade poética no início dos anos 1980, publicando seus poemas em revistas e jornais literários. Em 1998, organizou a antologia de poesia **Outras praias / Other Shores** (Iluminuras). Criou em parceria com a artista plástica Eliana Borges as revistas de poesia e arte **Medusa** (1998-2000) e **Oroboro** (2004-2006). Em 1999, publicou **Cinemaginário** (Iluminuras), seu primeiro livro individual, com repertório de poemas imagéticos e de intenso diálogo com o cinema. De 1993 a 1996, apresentou várias performances poéticas criadas em parceria com Eliana Borges e iniciou pesquisa que aproximou a poesia do universo do som, mesclando referências que vão da poesia da música brasileira às experiências sonoras de vanguarda e que serão determinantes no seu disco **Ladrão de fogo** (Medusa, 2001). Em 2003, em parceria com Eliana Borges, publicou **Tortografia** (Iluminuras), um livro de arte com desdobramentos da poesia para o universo das artes plásticas e destas para o campo poético. De 2005 a 2007, percorreu o país com a apresentação de poesia falada e sonorizada **Távivaaletra**. Em 2005, com Joca Wolff, traduziu o livro-poema **aA Momento de simetria** (Medusa, 2005), de Arturo Carrera e nesse ano publicou **Corpo sutil** (Iluminuras). Em 2007, criou com Eliana Borges a performance **Jolifanto**. Participações: **Antologia comentada da poesia brasileira do século 21** (PubliFolha, SP, 2006, Org. Manuel da Costa Pinto); **Papertiger: new world poetry** (Austrália, 2004); **Cities of chance: new poetry from the United States and Brazil** (Ed. Rattapallax Press e 34, EUA, 2003, Org. Flávia Rocha e Edwin Torres); **Pindorama – 30 poetas de Brasil** (Revista Tse-Tsé, Argentina, 2000, Org. Reynaldo Jiménez); **Na Virada do Século – Poesia de invenção no Brasil** (Ed. Landy, SP, 2002, Org. Cláudio Daniel e Frederico Barbosa) e **Passagens – Antologia de poetas contemporâneos do Paraná** (Ed. IOP, 2002, Org. Ademir Demarchi). Tem parcerias musicais com Vitor Ramil, Ana Lee, Tiago Menegassi, Guêgo Favetti, Carlos Machado, Alexandre Nero, Neuza Pinheiro e Grace Torres.

FICHA TÉCNICA CD

Concepção sonora
Ricardo Corona
Roseane Yampolschi

Composição sonora
Roseane Yampolschi (eletroacústica e acústica)
Paulo Demarchi (acústica)

Pesquisa de sons
Ricardo Corona
Roseane Yampolschi

Pesquisa de linguagem eletroacústica
Roseane Yampolschi

Gravação, mixagem e masterização
Alexandre Rogoski

Créditos das faixas

1. Recall
Ricardo Corona – Roseane Yampolschi
Voz: Ricardo Corona
Sons processados

2. Tambor
Ricardo Corona – Roseane Yampolschi
Voz: Ricardo Corona
Sons processados

3. Ja ma la
Yamanes – Paulo Demarchi
Voz: Ricardo Corona
Sintetizador e percussão: Paulo Demarchi
Concepção sonora: Paulo Demarchi

4. Baka
Ricardo Corona – Roseane Yampolschi
Voz: Ricardo Corona
Sons processados

5. Niva
Comanche – Paulo Demarchi
Voz: Ricardo Corona
Sintetizador e percussão: Paulo Demarchi
Concepção sonora: Paulo Demarchi

6. Buraco de minhoca
Ricardo Corona – Roseane Yampolschi
Composição para voz: Luciana Elisa Hoerner
Voz: Ricardo Corona e Luciana Elisa Hoerner
Sons processados

7. Entre (instrumental)
Roseane Yampolschi
Trombone: Raule Alves
Sons processados

8. Tungu Ball
Ricardo Corona – Alexandre Rogoski
Voz: Ricardo Corona e Luciana Elisa Hoerner
Tom-tons: Alexandre Rogoski
Sampler: Hugo Ball

9. Nanobô Ragnarok
Ricardo Corona
Voz: Ricardo Corona

10. Livro-se + vrr
Ricardo Corona – Roseane Yampolschi
Voz: Ricardo Corona
Sons processados

11. Chamada
Ricardo Corona – Paulo Demarchi
Voz: Ricardo Corona
Concepção sonora: Paulo Demarchi

12. Tupi tu és
Ricardo Corona – Paulo Demarchi
Voz: Ricardo Corona
Máquina de datilografia e sintetizador Paulo Demarchi
Concepção sonora: Paulo Demarchi

13. Passe
Ricardo Corona – Roseane Yampolschi
Rói-rói e voz: Ricardo Corona

14. Tam
Almada Negreiros – Roseane Yampolschi
Voz: Luciana Elisa Hoerner
Improvisação para voz: Luciana Elisa Hoerner
Bongôs: Alexandre Rogoski

15. À mesa
Augusto dos Anjos – Roseane Yampolschi
Voz: Ricardo Corona
Piano: Roseane Yampolschi
Glockenspiel: Alexandre Rogoski
Sons processados

16. Xepa (instrumental)
Roseane Yampolschi
Guitarra ignorante: Ricardo Corona
Vozes e risadas aleatórias: Ricardo Corona e Alexandre Rogoski
Risada fortuita: Roseane Yampolschi
Sons processados e não processados

Colófon
Sonorizador foi composto nas fontes Arial Narrow, Kozuka Gothic Pro, Maharlika, K.P. Duty Textured JL, Camellia D EE e impresso sobre papéis Couché Fosco LD 150 gramas e Pólen Bold 90 gramas (miolo), com acoplagem de Couché Fosco LD 150 (capa dura), tiragem de 1.065 exemplares, com impressão e acabamento realizados pela Gráfica Visare em Curitiba, na primavera de 2007.